HAVRE

De la même auteure

Chez le même éditeur

Cinéma, théâtre, collection Fugues, Ottawa, 2016, 168 pages. [Coproduction du Théâtre la Catapulte et du Théâtre Belvédère en avril 2015.]

Mishka Lavigne

Havre

Théâtre

2018
Collection Fugues
L'Interligne

Catalogage avant publication de Bibliothèque et Archives Canada

Lavigne, Mishka, 1984-, auteure
Havre : théâtre / Mishka Lavigne.

(Collection Fugues)
Publié en formats imprimé(s) et électronique(s).
ISBN 978-2-89699-632-2 (couverture souple).--ISBN 978-2-89699-633-9 (PDF).--ISBN 978-2-89699-634-6 (EPUB)

I. Titre.

PS8623.A835355H38 2019 C842'.6 C2018-905103-5
C2018-905104-3

L'Interligne
435, rue Donald, bureau 337
Ottawa (Ontario) K1K 4X5
613 748-0850
communication@interligne.ca
interligne.ca

Distribution : Diffusion Prologue

ISBN 978-2-89699-632-2

Dépôt légal : 4e trimestre de 2018
2e tirage : 4e trimestre de 2019
Bibliothèque et Archives Canada

La création de ce texte a été rendue possible grâce au soutien du programme de Subventions aux artistes du théâtre, volet Résidence d'écriture, du Conseil des arts du Canada. Grâce à ce programme, Mishka Lavigne était en résidence d'écriture au sein du Théâtre la Catapulte (Ottawa) pour la saison 2015-2016.

L'écriture et la création de ce texte ont été rendues possibles par le programme de Création littéraire et le programme Jets de théâtre du Conseil des arts de l'Ontario – Bureau des arts franco-ontariens.

Mishka Lavigne a bénéficié de l'appui de l'Association des théâtres francophones du Canada (ATFC) pour sa participation à une résidence d'écriture dramatique au Centre des arts de Banff en février 2015.

Production

Havre
Une production de la Troupe du Jour (Saskatoon, SK)
du 26 septembre au 4 octobre 2018

Mise en scène : David Granger
Conseillère à la mise en scène : Anique Granger
Comédiens : Paul Fruteau De Laclos et Alicia Johnston
Conception sonore : Gilles Zolty
Conception scénographique : Teagan O'Bertos
Conception des costumes : Denis Rouleau
Régie : Jesse Fulcher Gagnon
Direction technique : Frank Engel
Surtitres en anglais : Shavaun Liss d'après la traduction de Neil Blackadder

Personnages

ELSIE

MATT

Prologue

Une grande inspiration.

ELSIE
MATT
Le 14 juin.

ELSIE
À 5 h 21 le matin.
Heure avancée de l'Est.

MATT
À 11 h 21 le matin.
Heure d'été de la Grande-Bretagne.

ELSIE
Ottawa.
La Côte-de-Sable.

MATT
Londres.
Aéroport d'Heathrow.

ELSIE
Un immense bruit
comme une explosion.

C'est assez pour réveiller les morts.

Le 14 juin, au bout du cul-de-sac, un énorme trou déchire l'asphalte et une voiture qui était stationnée dans la rue tombe dedans, tout droit vers le bas. Une voiture rouge.

MATT
Le 14 juin, un homme attend, café et passeport en main, *gate forty-two*. Il a voyagé toute la nuit. Il tombe de fatigue.

ELSIE
Dans la voiture rouge qui s'est écrasée dans le trou à 5 h 21, il y avait personne. Seulement un vieil exemplaire taché de

ELSIE
MATT
café...

ELSIE
du roman *Havre* de Gabrielle Sauriol.

MATT
11 h 21
Décollage.

ELSIE
5 h 21
Les voisins sortent de chez eux
se pressent à la bouche du gouffre.

Quelqu'un appelle le 911.

MATT
L'avion monte où il fait soleil.
L'avion glisse vers l'ouest.
L'homme récupère les heures qu'il a déjà vécues
les heures défilent et passent dans les moteurs de l'avion
puis sont recrachées
de l'autre côté.

« *Ladies and gentlemen, the captain has turned on the seat-belt sign in anticipation of an area of turbulence. Kindly comply by returning to your seats.* »

Il ferme les yeux
essaie de dormir

mais l'avion tangue
la nausée lui monte aux lèvres.

ELSIE
Un des voisins, cellulaire en main,
explique la situation au *dispatch* 911 :
trou dans la chaussée
voiture au fond du trou
personne dans la voiture, pense-t-on.
D'une main, il tient son téléphone
de l'autre, il gesticule
comme si la personne à l'autre bout du fil pouvait le voir.

La femme sur la pelouse sous le balcon de son salon
fatiguée, confuse, réveillée en sursaut.

MATT
L'avion est secoué
le plancher vibre
les passagers retiennent leur souffle.

« *The captain has turned on the seatbelt sign. The captain has the situation well in hands. The captain is in control. The captain is here for you now. The captain is your savior. The captain holds the key to life and death and everything.* »

Regarder droit devant.
Le cœur au bord des lèvres.
En un instant, l'avion s'arrête de brasser
tous les passagers respirent à nouveau.
Lui aussi.

ELSIE
La femme s'approche du trou pour voir la voiture rouge.
Le voisin au téléphone la retient par le bras.
« *Watch it !* » qu'il lui dit en anglais. « *It's not safe.* »
Elle s'excuse, en français
mais il l'écoute pas
il hoche la tête, l'oreille vissée sur son téléphone.

MATT
L'homme revient de Sarajevo.
Il vole vers l'ouest.

Dernier vol avant de rentrer à la maison.
L'homme déchire une à une les cartes d'embarquement
des voyages accomplis.

Sarajevo – Vienne
Vienne – Londres
Londres – Ottawa

L'agente de bord arrive avec un sac pour les déchets.
L'homme prend tous les bouts de papier

les dépose dans le sac qu'on lui tend
et il sent rien
seulement un immense vide et une immense fatigue.

« Ladies and gentlemen, we are beginning our descent into Ottawa Macdonald-Cartier International Airport. Local time in Ottawa is 11:55 am with a beautiful sunny 23 degrees. Thank you for choosing to fly with us today. »

Atterrir à Ottawa.
Des heures comme des vies plus tard.
Le carrousel de bagages tourne.
L'homme attend en regardant autour de lui.
Partout sur les écrans de télévision du terminal,
les écrans qui diffusent les nouvelles en boucle sans son,
partout dans les sous-titres qui défilent
l'homme voit le même nom encore et encore :
« Gabrielle Sauriol ».

ELSIE
Le voisin, à son cellulaire, gesticule toujours.
Une voiture de police arrive en trombe
puis une autre.
Les policiers éloignent les curieux du trou
les gens parlent
les gyrophares tournent
bleu-rouge-bleu.

MATT
Il voit le nom qui se répète sur tous les écrans
une télé en français
une télé en anglais
« Gabrielle Sauriol »
mais ça lui dit rien vraiment
alors il enregistre pas
il enregistre rien.

ELSIE
Le cellulaire de la femme sonne.
L'afficheur montre un code régional de la Colombie-Britannique
et les lettres RCMP-GRC.

Elle répond :
« *Yes. This is she.*
Yes. She's my mother.
Why ? »

ELSIE
MATT
Le 14 juin à 2 h 21 du matin, heure avancée du Pacifique, la voiture de l'auteure Gabrielle Sauriol a quitté Island Highway à grande vitesse et a percuté un arbre. Gabrielle Sauriol a été éjectée par le pare-brise de sa voiture dans l'océan Pacifique à la hauteur de Discovery Passage. La garde côtière canadienne et

les services d'urgence cherchent toujours le corps de l'auteure.

ELSIE
Il est 6 h 04.
Le temps s'arrête.
Tout bascule et un autre gouffre s'ouvre.
La terre l'avale.
Son monde s'écroule.

Une grande inspiration. Une expiration. Puis le silence.

Un

ELSIE
Jour 3. Salon funéraire.
Je suis en deuil.
C'est ce qu'on dit, non ?
C'est ce qu'on dit.

MATT
Je suis allé à Sarajevo, Bosnie-Herzégovine
la ville où on me dit que je suis né.
Je voulais que tout soit familier
je voulais un déclic
je voulais que tous mes souvenirs d'enfance me reviennent d'un coup
mais j'ai rien reconnu.
Je me souviens de rien.

ELSIE
Mes sincères condoléances.
Merci.

Mes plus sincères condoléances.
Merci.
Mes sympathies.
Merci.
Condolééééances.
Merciiiii.
Sincères…
M…

MATT
Si je me souviens plus de mes souvenirs,
est-ce que ce sont encore des souvenirs ?
Est-ce qu'on devrait plutôt dire
des oublis ?

ELSIE
Je serre la main parce que c'est ce qu'on fait.
Je serre des mains et des mains
tellement que je me demande laquelle est la mienne.

MATT
Même après toutes ces années, on n'a rien réparé.
Pas vraiment.
On veut que tout le monde voie
que tout le monde sache
qu'il y a eu une guerre ici.

Sarajevo et ses fantômes.

ELSIE
Ci-ne-gît-pas Gabrielle Sauriol…
pas vraiment.
Gabrielle Sauriol gît dans l'océan Pacifique maintenant.

MATT
Un autre endroit m'avait accueilli
donné une famille
une famille idéale
un couple qui attendait un enfant depuis tellement longtemps
qu'un enfant de neuf ans brisé par la guerre
un enfant de neuf ans qui avait tout effacé de son passé
c'était mieux que pas d'enfant du tout.

ELSIE
Je suis en deuil.
Je porte du noir.
Je serre la main.
Je dis merci
parce que je suis polie.
Je suis une fille bien élevée.
La fille bien élevée de Gabrielle Sauriol.

MATT
J'ai cherché l'adresse qui figurait dans mon dossier
dans cette paperasse qui

selon eux
est moi.
Qui selon eux est la seule trace de mon existence.

Avec mon interprète Sanel
j'ai cherché l'orphelinat où j'ai passé un an et demi de ma vie
et je l'ai jamais trouvé.

Le numéro 16, c'est une banque maintenant.

« Je suis désolé, l'ami », me dit Sanel en français.

J'ai cherché des réponses
et j'ai même pas trouvé de questions.

Il me manque des morceaux de ma vie
il me manque neuf années
il me manque toute une ville
tout un continent
il me manque le visage de mes parents.

ELSIE
Mes amis m'appellent, me textent, m'écrivent.
Ils veulent savoir comment je vais.
« As-tu besoin de nous, Elsie ?
On est là pour toi pour tout ce dont tu as besoin laisse-nous savoir ce qui te ferait plaisir on comprend que c'est

difficile mais hésite pas Elsie on va t'aider du mieux qu'on peut écris-moi appelle-nous reste pas toute seule. »
Un premier message
puis deux, puis douze, puis trente.
« Elsie, réponds. »
Trop de messages.
Je réponds à personne.
Mon cellulaire dans un tiroir depuis hier.

MATT
À Sarajevo, on me parle dans une langue que je ne comprends plus
une langue que j'ai effacée en même temps que tout le reste.
Je voulais rapiécer les morceaux de ma vie d'avant.
J'aurais voulu qu'on me dise :
on t'attendait
on avait hâte que tu reviennes.
J'aurais voulu réparer ma vie
pour comprendre
mais j'ai rien trouvé là-bas
alors je suis revenu sur mes pas
vers l'ouest :
Sarajevo
Vienne
Londres
et vers l'ouest encore.
Ottawa.

ELSIE
On me dit :
Tu dois prendre le temps de revenir à toi.
« Revenir »
comme si j'étais partie.

Il me manque un morceau de moi.

Deux

ELSIE
Ma mère
Euh
excusez-moi.

Nous sommes rassemblés aujourd'hui ici pour honorer ma mère.

« Il y a des instants étrangers. »
C'est la première phrase de la première page de *Havre.*
Mais vous le savez, ça.
Tout le monde le sait.

Ici, maintenant : c'est un instant étranger.

On sait tous que les écrits de Gabrielle Sauriol parlent mieux que moi.

On sait tous que vous êtes ici pour elle
et que moi

je suis ici pour une Gabrielle Sauriol que vous connaissez pas.

MATT
Assis sur le vieux divan brun
le vieux divan qui était chez mes parents avant
je regarde dehors.

Premier souvenir de moi :
j'ai neuf ans et je suis assis sur ce divan brun.
Sur le mur devant le divan
une tête de chevreuil.
J'avais jamais vu ça :
une tête de chevreuil

sans le corps
juste une tête.

ELSIE
C'est pas ma mère
le Prix du Gouverneur général, le Femina et tous les autres
les doctorats honorifiques
les millions d'amis Twitter
les articles dans tous les magazines
les postes d'écrivain en résidence
c'est pas ma mère.
Ma mère c'est quelqu'un d'autre.

MATT
Les yeux de verre du chevreuil me regardent
comme s'ils pouvaient voir à travers moi.

Je dois vraiment aller aux toilettes.
Je marche jusqu'à la cuisine
et ils sont là
ceux qui parlent de moi.

Eux : un couple.
Et elle : une femme plus âgée entourée d'une pile de papiers.

C'est elle qui m'a amené ici dans une voiture blanche.

Je fais signe avec mes mains pour la toilette.
Ils comprennent et l'homme m'y guide.
Je vois qu'il veut poser sa main sur mon épaule
mais qu'il change d'idée
pour pas me faire peur
comme si j'étais un animal blessé.

ELSIE
J'ai jamais connu mon père.
Ça a toujours été juste elle et moi.
Pas d'autre famille qu'elle.
Ma mère
c'est celle qui lisait avec moi tard le soir

collées, collées dans mon petit lit.
C'est celle qui savait allumer un feu en cinq minutes chrono
les fois où on prenait la route pour aller dans les campings miteux
à Saint-Quelque-Chose-de-Machin
à Val-N'importe-Quoi
à la Rivière-Je-Me-Souviens-Plus.
C'est celle qui pleurait
toutes les fois qu'elle entendait la chanson *Helpless* de Neil Young.
C'est celle à qui je me suis agrippée de toutes mes forces
pour me baigner dans le Pacifique pour la première fois.

MATT
Dans la salle de bain, je regarde partout autour :
du papier peint avec des oiseaux
un coquillage rose qui décore le rebord de la baignoire
des serviettes très blanches et très douces.
Et au-dessus de la toilette
une toute petite fenêtre qui s'ouvre en faisant glisser des panneaux de vitre.

Je pense aux yeux du chevreuil
aux gens dans la cuisine
à la langue qu'ils parlent et que je comprends pas
puis je suis debout sur la toilette
et là dehors dans la neige

en pieds de bas.
À droite, une clôture et une piscine creusée
à gauche, un petit chemin de gravelle qui mène à la rue.

Dans la rue
mes cheveux humides de neige
mes bas vite trempés
mon chandail couvert de flocons.

Pas capable de lire les panneaux et les affiches
pas capable de comprendre rien d'ici
sauf la neige.

Je marche.
J'arrive au coin de la rue.
Droite, gauche.
C'est pareil et inconnu des deux côtés.

Parmi les flocons
j'entends qu'on crie.

Ils courent vers moi
elle avec une couverture
lui des grosses bottes aux pieds.
L'homme me prend dans ses bras
me hisse du sol en m'emmitouflant dans la couverture
et on me ramène dans la maison avec le chevreuil mort.

Pendant des semaines, aimantée sur le réfrigérateur
une copie carbone sale et un peu déchirée dans un coin
avec mon nom
et celui de l'homme aux bottes
et de la femme à la couverture.

Ils m'ont jamais demandé de les appeler papa et maman
mais je l'ai fait quand même
et la première fois
ils ont pleuré.

ELSIE
Ma mère est pas ici.
Mais ça vous le savez.
Tout le monde sait que les restes d'elle sont pas ici aujourd'hui.
Elle se décompose
elle coule
elle est secouée par la marée
mangée par les bêtes de fond.

(*Un temps.*)

C'est macabre.
Je m'excuse.
Vous êtes pas venus ici pour ça.
Il faut lire *Havre* pour comprendre le deuil.
Dans *Havre*

une mère perd sa fille
et moi…
C'est la même chose
c'est presque la même chose.

Dans le roman, la mère peut voir le corps de sa fille
le toucher
pour vraiment comprendre qu'elle n'habite plus son corps.
Dans le roman, on lui ramène le corps de sa fille
on lui prouve que sa fille n'est plus.

Je fais ma prof.
Je m'excuse.
Vous êtes pas venus ici pour ça.

(*Un temps.*)

Merci d'être venus honorer la mémoire de ma mère. Pour toutes informations sur les honneurs posthumes que vous voulez lui rendre, consultez Maître O'Neill, l'avocat de la maison d'édition.

Bonne journée.

Trois

ELSIE
J'essaie de fondre dans le décor du salon funéraire.
Partout autour de moi
les admirateurs de ma mère boivent du café
mangent des bouchées
s'échangent des cartes professionnelles
comme si c'était une journée normale et un endroit normal.
Ils regardent souvent dans ma direction
et j'entends à voix basse qu'ils parlent de moi
de ce que j'ai dit tantôt devant tout le monde.
Quand ils voient que je les regarde, ils me font un petit signe de tête
et ils retournent à leurs affaires, à leurs idées, à leurs bouchées.
Et plus loin, il y a mes amis.
Ils ont mis leurs habits noirs, ils se parlent entre eux.
Ils se demandent à qui d'entre eux j'ai téléphoné dans les derniers jours.
Philippe regarde Julia qui regarde François qui regarde

Ravi qui regarde Katherine
et ils regardent tous Geneviève
qui
elle
me regarde.

J'ai pas retourné leurs appels
pas un seul de leurs appels.

Geneviève se détache du groupe et s'avance vers moi. Elle vacille avec ses talons hauts sur le tapis très épais et très mou.
Arrivée près de moi, elle se penche vers mon oreille :
« Elsie… qu'est-ce que je peux faire ? Dis-moi ce que je peux faire. Veux-tu t'en aller ? Je peux te ramener à la maison. Laisse-les faire, eux, les autres. On va te ramener chez toi si c'est ce que tu veux. Dis-moi comment on peut t'aider. »

Je réponds pas
la gorge serrée.
Geneviève tient ma main
elle fait jamais ça
tenir ma main.

MATT
Ça cogne et elle est là
à la porte de ce qui,

il y a pas si longtemps,
était notre appartement.

Elle revient du yoga, les cheveux dans son bandeau rouge, son matelas sous le bras.
« Mon courrier, Matt ? »
qu'elle dit, sans sourire, en tendant la main.

« C'est nouveau, ta montre ? »
que je lui demande.
Même pas une fraction de seconde de silence.

« Je me suis acheté une montre. J'ai le droit ? »

Je réponds pas. Je lui donne la pile d'enveloppes à son nom.
Son nom et notre adresse.
Faux.
Son nom et mon adresse.

Elle s'en va sans rien dire de plus.
Je la regarde partir
comme si c'était un film.

ELSIE
Je suis assise dans les toilettes du salon funéraire
café à la main
la main qui sent encore le parfum de Geneviève.

Geneviève que j'ai juste laissée plantée là avec mon silence.

Dans les toilettes
je me cache de mes amis qui essaient vraiment
qui font plein d'efforts.
C'est moi qui sais pas quoi leur dire.

Mes lèvres plongent dans le café
et dans trop de souvenirs.

Moi, je bois mon café noir.
Ma mère, elle, buvait toujours son café
avec beaucoup de crème.

MATT
Je lui ai jamais demandé de me redonner sa clef.
Je pensais que ce serait plus facile si elle décidait de revenir.
Je m'imaginais rentrer à la maison un soir
et la voir là
dans notre appartement
comme si de rien n'était.

Elle est partie fin mars, le jour de la dernière tempête de neige.
Une semaine après son départ
un vendredi où la neige fondait et où la ville sentait l'eau

mon *boss* Sylvain est entré dans mon bureau et a déposé une clef sur ma paperasse.
« Ton ex vient de passer, Matt, elle m'a donné ça pour toi. »

Sa clef à elle qui trônait sur la pile de papiers
une clef dorée normale qui fait rien
pas de note, rien
juste la clef
toute petite, toute nue, abandonnée.

Sylvain m'a dit de prendre le reste de la journée.
Je suis rentré chez moi à 2 h de l'après-midi
l'appartement plus vide que vide
et j'ai acheté un billet d'avion pour Sarajevo
départ le 4 juin
le jour de sa fête à elle.
Aller voir ailleurs si je suis là.
Le soir du 3 juin, je l'ai appelée
je lui ai laissé un message de me rappeler
puis un message qui disait que j'allais à Sarajevo
puis un message qui l'invitait à venir à Sarajevo avec moi
puis un message qui la suppliait de venir avec moi.
Elle a jamais décroché le téléphone le soir du 3 juin.
Elle a jamais répondu.
Je suis parti le 4 juin.
Tout seul.

ELSIE
Ce matin avant les funérailles
je buvais un café dans ma tasse bleue
celle avec le motif de nénuphar que ma mère avait faite
pour moi il y a des années.

Je regardais la tasse
je pensais à ma mère
je suis allée au frigo
j'ai pris le contenant de crème
j'en ai versé dans mon café
un peu
puis beaucoup
puis toute.
Mon café avait la même couleur que la peau du visage
de ma mère.
Je l'ai pas bu
je l'ai laissé là sur le comptoir.

Je suis allée dans ma chambre et j'ai sorti une boîte de
mon placard.
À l'intérieur
une toute petite paire de mocassins d'enfant avec de la
fourrure de lièvre
et d'autres mocassins plus grands
les perles presque toutes tombées
le talon gauche abîmé.

Ma mère
quand elle écrivait
elle aimait sortir son talon et balancer son mocassin au bout de ses orteils
seulement son pied gauche
je sais pas pourquoi.

Elle s'en était acheté des nouveaux quelque part au Manitoba.
Moi j'avais gardé les vieux.

Ils m'ont jamais fait
les mocassins de ma mère.
Les miens
trop petits
les siens
trop grands.
Moi
entre les deux.

MATT
Sa pile de lettres partie
c'est comme si même son nom s'était effacé de notre appartement
(de mon appartement).
Mes vacances sont pas officiellement terminées encore
mais je peux plus rester ici à regarder les murs
à penser à elle

à penser à Sarajevo
à attendre rien
à attendre personne.
Je rentre travailler demain.

ELSIE
Le café du salon funéraire est dégueulasse.
Mes sincères condoléances au service de traiteur.
Je le verse dans le lavabo
je pleure pas
je sors des toilettes
j'évite Geneviève et les autres
je retourne à la maison, sans dire au revoir à personne
comme quand j'allais avec ma mère aux salons du livre.

Quatre

ELSIE
Le trou dans la rue.

Le premier jour
les policiers
ruban jaune DANGER
le deuxième jour
rien
le troisième jour
la Ville
des cônes orangés
un panneau
DANGER
un dépliant pour les résidents de la rue.
« Les travaux d'urgence et vous »
être toujours prêt à évacuer si on vous le demande
si le DANGER est trop grand.
Le quatrième jour
le lendemain des funérailles

un homme casqué de blanc avec des instruments d'arpenteur-géomètre
le cinquième jour
rien
le sixième jour
rien
le septième jour
une nouvelle sorte de cône.

Je suis en congé.
Les collègues de l'université m'appellent un par un.
Les amis aussi. Un par un.
Geneviève, elle, m'appelle tous les jours
toujours à la même heure.

Jour 8 depuis la mort de ma mère.
Je suis écrasée sur mon balcon.
L'air est lourd.
Le ciel est gris
presque blanc.
Dans la rue : lui encore.
L'arpenteur-géomètre entouré de son équipe et de ses camions.
Un enfant dans un carré de sable.

Il lève la tête vers moi.
Ses yeux dans mes yeux.
On se regarde.

Figés.
Au loin, on entend le roulement du tonnerre.
Le vent se lève.

Une femme de son équipe s'approche de lui,
lui tape l'épaule.
Il sursaute.

Il s'éloigne avec la femme mais avant
il me fait un petit signe de tête
un petit bonjour
avec le pouce et deux doigts sur le bout de son casque blanc.
Un cowboy arpenteur-géomètre.

MATT
J'accroche solidement les cordages
je boucle mon harnais
et je commence à descendre dans le gouffre.
Je suis suspendu au-dessus du vide et de la voiture rouge
écrasée au fond du trou.

ELSIE
De mon balcon
je l'entends crier « *Down !* »

MATT
Je suis dans le trou
il fait humide

un insecte escalade ma botte.
Je regarde le ciel qui devient de plus en plus noir découpé par les parois du trou.
L'orage approche.

Je suis dans le ventre de la ville.

La rue éventrée d'ici
et les images des rues de Sarajevo
une par-dessus l'autre.
Je touche les parois du trou
et la terre s'effrite sous mes doigts.

C'est fragile une ville
sous le béton, l'asphalte et les gratte-ciel.

ELSIE
De la rue
son équipe lui descend une grosse caisse.

MATT
Chaînes, *S-hooks*, courroies de nylon 6 000 livres test.
J'attache la voiture rouge.
Je vérifie et revérifie les chaînes et les crochets
pour ne pas qu'il y ait de DANGER quand notre grue sera prête à sortir la voiture du trou.
On a retracé le propriétaire de la voiture avec les papiers à l'intérieur.

Il est venu au bureau de la Ville
il a pris le sac qu'on lui a donné avec les choses qui étaient dans sa voiture.
Mais maintenant, je regarde
et vois sous le siège du conducteur
bien caché
un livre à la couverture bleu et blanc.

Je prends le livre, je le sors, je le regarde.
L'image de la couverture sous un cerne de café :
des silhouettes d'édifices bleues sur fond blanc
comme des veines.
Le titre en bleu plus foncé
Havre
et le nom de l'auteure
Gabrielle Sauriol.

Gabrielle Sauriol…
Son nom sur les écrans de télé à l'aéroport
son accident d'auto
ses funérailles
elle est partout dernièrement.

À l'intérieur du livre pour l'image de la couverture, ça dit :
« *Sarajevo, impressions*. Dessin de l'auteure. »
Une première goutte de pluie s'écrase en plein centre de la couverture.

ELSIE
L'arpenteur remonte du trou et lance quelque chose dans son *pickup*.
Il donne un signal aux autres et au son des moteurs
la voiture rouge est soulevée comme une épave.
De la voiture
il pleut des morceaux de ville effondrée.

La grue dépose le cadavre de la voiture sur une remorqueuse.
Mon cœur se soulève.
L'orage se déchaîne d'un coup.
La pluie devient de plus en plus forte.

Le cowboy arpenteur-géomètre fait signe à son monde
et tout s'éloigne
grue
remorqueuse
camions
tout le monde s'en va
en laissant
les deux différentes sortes de cônes
et le ruban jaune de la police (DANGER)
sous la pluie battante.

Cinq

ELSIE

Jour 9.
À l'extérieur
les abords du trou grouillent de travailleurs aux uniformes de la Ville
à l'intérieur
je remplis la baignoire malgré les 28 degrés dehors.

Vautrée dans l'eau chaude
je pense à des choses tristes
pour enfin pleurer
parce que si je pleure pas
c'est comme si la mort de ma mère voulait
plus
rien
dire.

Assise dans le bain
je prends mon pied pour attraper le robinet d'eau chaude
du bout des orteils.

Des gouttes inutiles puis plus rien.
Tuyaux vides.

Je plonge ma tête sous l'eau.

MATT
Le matin du neuvième jour
le neuvième jour depuis mon retour de Sarajevo.
Des choses à faire.
Logement numéro 2.
Je cogne à la porte.
Pas de réponse.
Sur la première page de la paperasse dans ma main
un nom qui me saute aux yeux.
Occupante du logement 2 : Sauriol, Elsie.

Je cogne
encore plus fort.

ELSIE
Ça cogne jusque dans le fond de ma poitrine.

MATT
Je cogne une dernière fois
avec mon poing
pour que ce soit fort.
Pas de réponse.
Alors je prépare mon feuillet rose

ELSIE
je sors du bain

MATT
mon ruban à coller

ELSIE
penser à m'habiller
pas le temps

MATT
ma signature à l'encre bleue sur le papier rose

ELSIE
je dégoutte de partout

MATT
« Les travaux d'urgence et vous. »

ELSIE
J'ouvre la porte

MATT
ELSIE
face-à-face

ELSIE
le cowboy arpenteur-géomètre

MATT
la fille du balcon d'hier
en serviette

ELSIE
Oui ?

MATT
Euh. Je vous dérange. Excusez-moi. Vous êtes bien Elsie Sauriol, l'occupante du logement ?

ELSIE
C'est moi.

Un long temps. Matt qui retenait sa respiration expire.

MATT, *montrant une carte d'identité.*
Matt Hamidovic, ingénieur de la Ville. On a dû couper votre eau pour la journée. Pour les travaux.

ELSIE
Est-ce que je peux revoir votre carte d'identité ?

Matt lui tend sa carte d'identité.

ELSIE
Matej Hamidovic.

MATT
Matt. C'est plus facile.

Un long silence.

ELSIE
Toute la journée ?

MATT
On devrait pouvoir reconnecter l'eau en fin d'après-midi. On fait pas les vrais travaux encore. Pas aujourd'hui. Juste des tests. Pour bien saisir l'ampleur des dégâts.

ELSIE
Ah.

MATT, *tendant une cruche de quatre litres d'eau à Elsie. Elle ne la prend pas.*
On distribue des quatre litres d'eau aussi. Juste au cas où.

ELSIE
Au cas où ?

MATT
Que vous ayez pas fait de provisions.

ELSIE
La Ville l'avait demandé sur le dernier feuillet.

MATT
On sait jamais. Les gens sont pas toujours prévoyants. (*Elsie ne répond pas. Matt tient toujours la cruche d'eau à bout de bras.*) Il faut la prendre quand même. On m'a donné quatre cruches d'eau. Il y a quatre logements.

ELSIE, *prenant la cruche.*
Merci.

MATT
Pas de problème. Désolé encore de vous avoir dérangée.

ELSIE
Ça va.

MATT
Bonne journée.

ELSIE
Vous aussi.

Un temps.

MATT
Êtes-vous la fille de Gabrielle Sauriol, l'auteure ? Celle qui est décédée la semaine passée ? (*Un temps.*) Sauriol c'est pas le nom le plus commun. Et on l'entend partout ces jours-ci.

ELSIE
Est-ce que ça vous regarde ?

MATT
Euh. Oui. Non. Je – Euh. Je m'excuse. Je…

Un temps.

ELSIE
O. K. Bonne journée, là.

MATT
Je suis désolé. Mes sincères condoléances. (*Un temps.*) C'était votre mère, oui ? Vous lui ressemblez. D'après ce que j'ai vu à la télé, je veux dire. Les photos. Vous lui ressemblez.

Elsie ne répond pas.

MATT
Ça doit être bizarre de se faire offrir des condoléances par un étranger. Je m'excuse.

Tu

ELSIE
Si tu savais le nombre d'étrangers qui m'ont offert leurs condoléances depuis le 14 juin.

MATT, *inconfortable.*
Ah oui. C'est vrai. C'est sûr. Ça doit être beaucoup. J'avais pas réalisé que… Je m'excuse. Je suis désolé. Je voulais pas –

ELSIE
Dis-moi quelque chose sur toi.

MATT
Quoi ?

ELSIE
Dis-moi une chose intéressante sur toi. Pour que je puisse avoir l'impression de te connaître. Que tu sois pas juste un autre étranger qui m'offre des condoléances parce que je suis la fille de.

MATT
Euh. Je sais pas… Je… je vais juste partir. Je suis désolé.

ELSIE
Arrête de t'excuser. Dis-moi n'importe quoi.

MATT
N'importe quoi ? Euh. O. K. J'ai une cicatrice sur le genou. Je me souviens pas comment je me suis fait ça. Je devais être trop jeune... Une cicatrice en forme de cercle.

Un long temps.

ELSIE
Merci pour les condoléances, Matej. Bonne journée.

MATT
ELSIE
La porte se ferme.

ELSIE
Debout dans ma flaque d'eau
serviette autour de moi
j'ai l'impression de bouillir par les pores de ma peau.

Je sens les yeux de Matej Hamidovic partout sur mon visage
comme si c'était écrit sur ma peau que ma mère était morte
et que ma mère c'était ELLE.
Matej Hamidovic me regardait comme s'il essayait de la voir, ELLE,
dans mes yeux à moi.
Je lui ressemble.

Tout le monde le dit.
Ça doit être vrai.

J'ouvre la cruche d'eau
je la tiens à deux mains
et je bois.
Je bois jusqu'à avoir mal au ventre
comme si j'avais jamais bu avant.
De l'eau froide pour empêcher que ma peau s'évapore.

MATT
Je sens encore les yeux d'Elsie Sauriol sur moi.
Je reste figé sur place un moment
à regarder la porte fermée du logement numéro 2.

Dans le couloir, je sens une odeur très forte
une explosion d'odeur qui m'assaille
coriandre
je suis presque certain
de la coriandre.

Mes yeux se remplissent d'eau.
Ça sent tellement fort que ça a presque une couleur.
Je cligne des yeux
et plus rien.
L'odeur est disparue.

Ça doit venir d'un des autres logements
quelqu'un qui cuisine quelque chose à la coriandre.
Je cogne aux autres portes
aucune réponse
personne à la maison.

J'essuie mes yeux.
Bizarre.

Je laisse des feuilles roses collées aux trois autres portes.
J'arrête d'y penser.

Six

ELSIE
Après-midi.
Pas d'eau.

Je me couche par terre sur le plancher du salon.
D'ici je vois toutes les boules de poussière sous le divan
les cernes sur la table à café
les cheveux qui valsent sur le plancher à cause de la fenêtre ouverte.
D'ici je vois le désordre.

Envie de bouger
envie de sortir de ma peau.
Du ménage. Je pourrais faire du ménage.
De toute façon,
c'est ça qu'on devrait faire
après la mort de sa mère, non ?

Je me lève du plancher.
Sur la tablette au-dessus de mon bureau de travail
cordés un à côté de l'autre
il y a les écrits de ma mère
tous des premières éditions dédicacées
toujours la même chose.

« À ma Elsie chérie. Pour tout. »

Je les touche du bout des doigts
je sais même plus si je les ai tous ouverts ;
j'utilise tout le temps d'autres exemplaires de ses livres
pour enseigner
d'autres exemplaires dans lesquels j'ai inscrit des notes
dans lesquels j'ai écorné les pages.

Ménage.

Le bureau de ma mère était toujours très ordonné.
Les bureaux d'écrivain en désordre c'est un cliché.
Sur mon bureau à moi
la paperasse s'accumule en piles parallèles
copies corrigées
plans de cours
lettres au personnel.

Je pourrais commencer le ménage ici.
Des vieilles copies de dissertations de la session dernière

face vers le bas sur le bureau.
Je prends la première :
« La thématique du voyage dans *Havre* de Gabrielle Sauriol »

Abandonner l'idée du ménage
et aller m'étendre sur la chaise longue en plein soleil.

MATT
Le dos appuyé sur mon camion,
je pense à Elsie Sauriol dans le logement numéro 2.
Je prends mon téléphone
j'ouvre Google
je tape « Gabrielle Sauriol »
je passe à l'application Wikipédia
je lis sa bio en diagonale
les livres qu'elle a écrits, les prix qu'elle a gagnés.
Nulle part on mentionne qu'elle a une fille.
Je remets mon téléphone dans ma poche.
Je prends le livre qui traîne sur le siège passager depuis le jour de la voiture sortie du trou.

ELSIE
Il est encore là dehors
l'arpenteur-géomètre
non
l'ingénieur
Matej Hamidovic

Matt-c'est-plus-facile-Hamidovic
Matt Hamidovic avec sa cicatrice ronde sur le genou
appuyé sur son camion.
Il tient un livre à la main
et il lit la quatrième de couverture
un livre blanc et bleu que je reconnaîtrais n'importe où.

MATT
Je lève les yeux et je vois qu'elle me regarde
Elsie Sauriol
assise sur son balcon.
Je remets le livre dans mon camion
je fais le tour jusqu'à la porte du conducteur
je fais tourner la clef dans le contact.
Je lève les yeux vers le balcon.
Personne.

ELSIE
Je vais dans la salle de bain
je m'assois sur le rebord de la baignoire
et j'ouvre l'eau froide.
Le robinet proteste et claque
puis crache l'eau revenue.
Je ferme l'eau.
Je m'assois dans le bain vide.
J'entends le camion de Matej Hamidovic tourner le coin de la rue et s'éloigner.

Sept

MATT
Je me réveille en sueur à 4 h 55 du matin.
Je me frotte les yeux pour éloigner les images de Sarajevo.
Mon cœur bat trop vite
j'ai chaud mais je frissonne
le sang cogne dans mes tempes.

Je fais des cauchemars depuis mon retour de Sarajevo
j'arrive plus à dormir toute la nuit sans me réveiller.

Les histoires qu'on te raconte à Sarajevo
quand tu dis que toi aussi tu viens de Sarajevo
quand tu dis que tu cherches tes parents
que tu cherches tes souvenirs.
Les gens pensent t'aider
les gens veulent t'aider.
Ils te racontent leurs histoires

et elles te restent toutes en tête
toutes fondues les unes dans les autres.

Je lance les draps au pied du lit
j'ouvre la lampe de chevet et la chambre baigne dans une lumière jaunâtre.
Dans cette lumière-là
la cicatrice sur mon genou a l'air encore plus creuse.
Je mets mon pouce dans le trou rond sur mon genou.
Mon pouce entre parfaitement à l'intérieur de ma cicatrice
comme mon pouce tenait parfaitement
dans les trous des balles des *snipers* sur les murs de Sarajevo.

Sur la table de chevet
le livre de la voiture.
Je l'ouvre.
« Il y a des instants étrangers. »
Première phrase de la première page du premier chapitre.

Je ferme le livre.
J'éteins la lumière et j'essaie de me rendormir.
Impossible.
5 h 17.
Je prends mon téléphone et je lis mes courriels.
Tout en haut un courriel de Sanel Catic

mon interprète de Sarajevo :
« Toujours rien, Matej », qu'il m'écrit.
« Je continue à chercher.
On va finir par trouver quelque chose sur eux. »

J'abandonne l'idée de dormir.
Je me lève et je m'habille pour aller courir dehors et voir le soleil se lever.

HUIT

ELSIE
Jour 10 en après-midi.
Choses accomplies :
passer l'aspirateur
effacer, sans les écouter, les onze messages de Geneviève dans ma boîte vocale
regarder par la fenêtre pour voir le progrès du trou
c'est-à-dire aucun.

Décider d'aller voir ailleurs si je suis là.
C'est la première fois que je sors de chez moi depuis les funérailles.

Je vais dans un café
mon café habituel
et j'achète une chaudière de café noir.
La terrasse est pleine d'étudiants sous les parasols.
Des visages connus et inconnus.
Ils parlent à voix basse en regardant dans ma direction.

MATT
Je suis réveillé depuis 4 h 55.
Je suis sorti courir
j'ai pris une douche
j'ai fait ma journée de travail normale
je suis revenu à la maison et là
j'erre dans mon appartement vide.
Je laisse les heures passer.
Je reprends le livre qui traîne sur le lit.
Le dessin sur la couverture montre les immeubles de Sarajevo.
Je les reconnais parce que j'étais là.

J'ouvre *Havre*.
Le lire pour vrai.
Attraper tous les mots, toutes les images.

Une mère perd sa fille
photojournaliste abattue dans les rues de Sarajevo.
Lorsque la guerre est enfin terminée
des années plus tard
la mère part pour Sarajevo rencontrer Adnan, un journaliste qui travaillait avec sa fille
et voir l'endroit où sa fille est morte
pour faire la paix avec ça
pour comprendre
ou au moins pour sentir le même sol que sa fille a senti sous ses pieds en mourant.

ELSIE
Il y a des années de ça
ma directrice de thèse m'a demandé pourquoi je voulais devenir professeure de littérature.
J'ai répondu
quelque chose de cohérent
sans doute
quelque chose comme former de jeunes esprits promouvoir le sens critique la découverte j'aime ça enseigner.
C'est vrai.

Mais des fois je crois que je suis devenue professeure de littérature pour pouvoir enseigner les romans de ma mère et sentir qu'elle était tout le temps là.

Avant *Havre*
elle et moi ensemble
après *Havre*
moi, 14 ans, à attendre
chez Marilynne et Jeff
chez Sophie et Jean-François
chez Fabien et Peter
chez Yasmina
et elle partout pas avec moi.

Attendre qu'elle revienne
c'est tout ce que je faisais.

J'aime et je déteste *Havre.*

MATT
C'est sûr qu'ils m'ont offert de m'amener à Sarajevo
mes parents d'ici.

Ils me l'ont offert
quand j'avais 12 ans
puis 15 ans
puis 19 ans
et toujours
je disais
non.
Je disais que j'étais pas prêt.
Alors, ils ont arrêté de l'offrir.

Le 4 juin, je suis parti seul
sans leur dire.

Je les ai appelés de Sarajevo pour leur dire où j'étais.
Ils ont été parfaits
ils m'ont pas demandé :
pourquoi maintenant
pourquoi seul.

Dans le fond ils savaient qu'en partant le 4 juin
le jour de la fête de mon ex

c'est que je me sauvais de quelque chose.
Je leur ai dit au revoir
dit de pas s'inquiéter
que j'allais bien.
J'ai fermé Skype
déconnecté l'ordinateur
et j'ai regardé par la fenêtre de la chambre que j'avais louée
les toits de la ville
les rues grouillantes
les gens
le soleil ce jour-là
la rivière Miljacka zébrée de ponts.
Je me suis laissé couler dans le sommeil
pour rattraper les six heures de décalage horaire.

C'est la dernière fois que j'ai vraiment dormi.

ELSIE
Je dépose ma tasse vide sur le comptoir et je pars.

La porte à côté du café
enseigne bleu sur vert
« Librairie Pelletier et Fille : neuf et usagé ».
Je passe la porte en cherchant
rien vraiment.

La « Fille » de Pelletier et Fille est en train de ranger
des livres sur une tablette

elle me voit
elle me sourit
elle me connaît
je viens souvent.
Je la vois se lever comme pour venir me voir, mais elle change d'idée
elle continue à ranger.
Elle sait pas quoi dire.
Personne sait quoi dire.

Je m'éloigne d'elle pour l'aider à m'éviter
puis plus loin au fond de la librairie
face-à-face
une grande photo couleur de ma mère.

Sous la grande photo
l'année de sa naissance et l'année de sa mort.

Ma mère qui a une date de mort.

Sur une table au pied de la photo
les écrits de ma mère
les mêmes qu'à la maison
mais en exemplaires multiples
Havre et tous les autres
neufs et usagés
les éditions originales
les éditions de poche

les traductions.
Ce qu'il reste de ma mère maintenant
c'est ça.

MATT
J'étais à Sarajevo pour trouver des traces de mes parents biologiques.
Je me suis promené de bureau en bureau
de comptoir en comptoir
de fonctionnaire en fonctionnaire
avec Sanel mon interprète qui me suit partout parce que j'ai tout oublié.

J'ai effacé même les mots les plus simples

papa et maman
tata i mama

papa et maman
Alain Vallier et Nicole Clark.

ELSIE
Je prends tous les livres
je fais une énorme pile dangereusement en équilibre
j'avance vers la caisse
je pose tout sur le comptoir.

« Madame Sauriol ? »

Le visage d'un de mes étudiants de la session d'hiver
Samuel Rémillard-Cliche
cheveux longs
casquette
Doc Martens rouge vin
qui me dévisage.

Les livres : je les veux tous
les neufs, les usagés, ceux en français, en anglais, en allemand, en italien, en arabe, tous
ils sont à moi maintenant
je veux qu'ils m'appartiennent
tous
les morceaux de ma mère.
Si c'est tout ce qu'il reste d'elle
ça me revient de droit.

Je tends ma carte de crédit à Samuel Rémillard-Cliche
qu'il voie que je suis sérieuse.

Schlick, schlick de carte de crédit.

MATT
Vers la fin du roman
il y a une phrase qui m'accroche.
La mère demande à Adnan
le journaliste qui travaillait avec sa fille
ce qu'il va faire maintenant que la guerre est terminée.

Adnan répond :
« Sarajevo, ce n'est plus pour moi maintenant. »

La mère lui dit qu'elle est désolée
Adnan lui demande pourquoi
elle répond qu'elle sait pas.

ELSIE
Samuel Rémillard-Cliche hésite un moment.
Je sais ce qu'il va dire.
Comme les autres.
Comme tous les autres.
Mon corps se raidit.
Samuel Rémillard-Cliche regarde le comptoir :

« J'avais tellement aimé votre cours cet hiver, madame Sauriol. Vous êtes vraiment la meilleure prof que j'ai eue au département. »

Mes épaules se détendent.

« Je suis désolé que ça vous arrive à vous, ça. Mes plus sincères condoléances, madame Sauriol. »

Il dit tout ça très vite, comme s'il avait peur de ma réaction
comme s'il voulait en finir le plus vite possible.
Je le regarde

et je le crois.
C'est la première personne que je crois quand il me dit qu'il est désolé.

« Merci »
que je dis en y croyant aussi.

Samuel Rémillard-Cliche emballe tous mes livres dans deux sacs de tissu à l'effigie de la Librairie Pelletier et Fille.

Et je repars
à pied
ma mère au bout des bras.

NEUF

ELSIE
J'ai acheté
trente-sept livres de ma mère à la Librairie Pelletier et Fille
quatorze dans une librairie grande surface
vingt-et-un à la librairie du campus
dix-huit en ligne
et je suis allée chercher la douzaine qui étaient dans mon bureau à l'université.
Jour 14.
J'ai sorti les livres des sacs et je les ai tous alignés contre un mur dans le salon.

MATT
Logement 2. Elsie Sauriol.
Je cogne à la porte avec un autre feuillet rose de la Ville.

Elsie ouvre la porte.

ELSIE
Oui ?

MATT, *lui tendant un feuillet.*
C'est un horaire pour les travaux. On commence pas plus tôt que 7 heures en semaine et 8 heures les samedis et dimanches parce que c'est une rue résidentielle. Si vous avez des questions, vous pouvez composer le 311.

ELSIE
Ça change rien pour moi. Je suis tout le temps à la maison, de toute façon.

MATT
Ma *job* c'est de distribuer la feuille et d'avertir les gens.

ELSIE
O. K. (*Un long temps. Ils se regardent, comme s'ils retenaient leur souffle.*) Entre.

MATT
Pourquoi ?

ELSIE
Je voulais m'excuser. Pour l'autre jour. Je sais que tu pensais bien faire en m'offrant des condoléances. J'étais juste… tannée.

MATT
Je comprends. Ça va. Pas de problème. Je m'excuse.

ELSIE
Entre.

Matt entre.

MATT
Merci.

Un temps.

ELSIE
Qu'est-ce que tu fais accoté sur ton camion toute la journée à regarder dans le trou ? Il y a personne, pas de grue, pas d'autre camion, juste toi. Qu'est-ce que tu fais toute la journée, Matej Hamidovic, ingénieur pour la Ville ? Qu'est-ce que tu regardes là, dans le trou ?

MATT
Toi, qu'est-ce que tu fais toute la journée, Elsie Sauriol ?

ELSIE
Moi je suis en congé de deuil, selon les règles du syndicat. (*Un temps.*) Café ?

MATT
O. K.

Elsie s'éloigne vers la cuisine.

MATT, *plus fort.*
Un peu de crème si t'en as.

Elsie revient avec deux tasses de café.

MATT
Merci. (*Il sirote son café en regardant autour de lui.*) T'as beaucoup de livres.

ELSIE
Je suis chargée de cours à l'université. En littérature canadienne.

MATT
Je viens de lire *Havre.* Pour la première fois. Je savais pas ce que c'était. J'étais à Sarajevo il y a deux semaines. C'est un drôle de hasard de tomber sur *Havre* maintenant, tu trouves pas ? (*Un temps. Elsie ne répond pas.*) T'es chanceuse d'avoir eu Gabrielle Sauriol comme mère. Si tu y penses, c'est comme si ta mère pouvait pas mourir vraiment. Il va toujours te rester des traces. Ça doit être bien d'avoir ça au moins. (*Un temps.*) Je m'excuse. Je parle encore trop. Je dis pas les bonnes choses.

ELSIE
Ça va. (*Un temps.*) « Hamidovic », c'est yougoslave, non ?

MATT
Pourquoi tu veux savoir ?

ELSIE
Pour te connaître. Si je dois te voir à tous les jours dans ma rue, je veux savoir qui tu es. Toi, tu sais que je suis la fille de… Tout le monde sait que je suis la fille de. Les gens ont l'impression de me connaître, de savoir des choses sur moi à cause de ça. J'ai décidé que j'allais connaître les gens pour vrai.

MATT
Euh. O. K. Je suis arrivé ici à neuf ans. Quand la guerre était sur le point de finir et que le siège a été levé, la Croix-Rouge est entrée à Sarajevo. On m'a dit que j'ai été trouvé dans la rue à manger dans les poubelles. Je me souvenais seulement de mon nom. Je me souvenais pas de mon adresse, de mon numéro de téléphone, rien. On m'a placé dans un orphelinat de la Croix-Rouge. Je suis resté là un an et demi, mais je m'en souviens pas. Neuf années effacées, complètement. Mon premier souvenir c'est ma première journée ici, chez mes parents adoptifs. C'est comme si y'avait rien eu avant.

ELSIE
Peut-être que c'est mieux comme ça.

MATT
Le couple qui m'a adopté, Alain et Nicole, était sur des listes d'attente depuis des années pour un bébé. Je sais pas s'ils ont été déçus. S'ils auraient voulu autre chose.

ELSIE
Déçus ?

MATT
C'est dur, adopter un enfant déjà grand.

ELSIE
Tu portes pas leur nom ? À tes parents d'ici ?

MATT
Ils voulaient que je garde mon nom. Ils pensaient que ça allait m'aider à me souvenir. J'haïs ça mon nom. Ça me rappelle constamment ce qui me manque. Si je m'appelais Matt Vallier, y'en aurait pas de problème.

Un temps.

ELSIE
As-tu déjà eu un chien ?

MATT
Un chien ?

ELSIE
Quand je rencontrais des gens pour la première fois, on me demandait toujours ce qu'elle faisait ma mère, sur quoi elle travaillait. On me posait jamais de questions sur moi. (*Un temps.*) Ce qu'elle fait ma mère ces jours-ci… elle se noie, ma mère, ces jours-ci…

MATT, *visiblement inconfortable.*
Je peux partir si tu veux. Si tu veux être toute seule.

ELSIE, *se ressaisissant.*
C'est à mon tour de savoir des choses sur les gens. As-tu déjà eu un chien ?

MATT *prend son téléphone, trouve une photo et la montre à Elsie.*
Oui, quand j'avais 15 ans. Un labrador noir qui s'appelait Max. Ça c'est Max, avant qu'il meure. Il est vraiment vieux là-dessus. Il est mort l'été passé.

ELSIE
As-tu pleuré quand il est mort ?

MATT, *rangeant son téléphone.*
C'est normal, non ? J'ai pleuré un peu et j'ai pris deux jours de congé en disant que j'étais malade.

ELSIE
Deux jours ?

MATT
Il y a pas de congé syndical quand ton chien meurt.

Un temps.

ELSIE
Où il est ton chien maintenant ?

MATT
Le vétérinaire te donne une boîte avec les cendres de ton animal. C'est comme ça que ça fonctionne. Les cendres de mon chien sont chez mes parents parce que ça avait été sa première maison.

ELSIE
Si les gens me demandaient où elle est ma mère maintenant, qu'est-ce que je devrais répondre ? Dans l'océan Pacifique, démembrée par les épaulards, picossée par les crabes, enroulée dans les algues, écorchée par le sel, attirée par le fond... (*Un temps.*) C'est macabre. Je m'excuse, t'es pas venu ici pour ça.

MATT
Ça va…

ELSIE
Reviens. Demain si tu veux. Pour un café.

MATT, *en redonnant la tasse à Elsie.*
O. K. Bonne journée, Elsie.

Elsie ferme la porte. Matt reste seul, dans le couloir.

MATT
Le goût du café encore dans la bouche.
Debout dans le couloir
les murs beiges
chacune des quatre portes bleue
le même bleu que celui de la couverture de *Havre.*

Je cligne des yeux et les murs du couloir deviennent criblés de balles
le sol est couvert de débris, de morceaux de vitre
mes narines s'emplissent d'une odeur de plastique brûlé
je m'écroule au sol
mon genou est couvert de sang.
Je hurle de douleur.

Je cligne des yeux et le plancher de bois devient un tapis rouge vin

une faible odeur de coriandre dans l'air
une voix lointaine murmure mon nom
« Matej Matty Matty »
et un rire de femme.
Je ris aussi.
C'est un petit rire d'enfant mais je sais que c'est moi.

Je cligne des yeux et tout disparaît
et c'est le couloir de l'immeuble d'Elsie Sauriol
propre
beige
silencieux.

Je me relève
le cœur au bord des lèvres
les mains moites qui tremblent.

La porte du logement numéro 2 reste fermée
comme s'il s'était rien passé
rien passé du tout.
J'ai pas hurlé, pas ri
pas pour vrai.

Je retourne à mon camion
je rentre à la maison.

Mon appartement vide m'écrase.

Mon appartement vide
mon lit vide
moi
juste un peu plus vide
depuis mon retour de Sarajevo.

Dix

ELSIE
Couchée sur le plancher
je regarde tous les exemplaires de *Havre* alignés contre le mur du salon.

MATT
J'allume mon ordinateur
je tape
Gabrielle Sauriol
et je lis
en anglais, en français, en allemand que je baragouine à cause de mon ex.

J'ouvre les pages en bosniaque
en croate
en serbe
juste pour voir des mots que je pourrais comprendre si les choses avaient été différentes.

ELSIE
Un ding de message texte : Geneviève.
« As-tu faim ? »
Je réponds pas.
Ding.
« Il faut que tu manges. »
Ding.
« J'amène quelque chose chez toi ? Je pourrais être là dans 20 minutes. »
Ding.
« Elsie. *Come on.* »
Je réponds pas.
Les messages s'arrêtent.

MATT
Des articles
des entrevues
des dossiers
son site Web
son compte Twitter
sa page Facebook.
Étourdissant.

Je veux entendre sa voix.
C'est facile à trouver dans les archives de Radio-Canada.
Elle a donné des tas d'entrevues.

ELSIE
Je suis assise sur le plancher avec mon ordinateur sur les cuisses
et des archives de Radio-Canada, je fais jouer une des entrevues de ma mère.
Peut-être que si j'entends sa voix
je vais réussir à pleurer.

Elle parle. Elle répond aux questions.
J'écoute.

Je reconnais pas sa voix dans son entrevue à Radio-Canada.
C'est sa voix des grands jours
pas sa vraie voix.

Je pleure pas.

MATT
Elsie a la même voix que sa mère.
J'ai quarante-quatre onglets Google ouverts
biographies
articles écrits par elle
articles écrits sur elle
photos
Gabrielle Sauriol à l'Université de Victoria
Gabrielle Sauriol au Centre national des Arts
Gabrielle Sauriol en visite à l'Académie française.

ELSIE
Le téléphone sonne.
Je sais sans regarder que c'est Geneviève.
Je laisse sonner
puis le silence
puis le bip du message laissé dans ma boîte vocale.
Maintenant que ma mère n'est plus
Geneviève est la seule personne qui utilise ma boîte vocale.

MATT
Sur la vingt-deuxième page de résultats
je trouve une photo mal cadrée et floue :
Gabrielle Sauriol et sa fille Elsie Sauriol, doctorante,
Université d'Ottawa.

ELSIE
Je fais jouer une autre entrevue
puis une autre
en français, en anglais, une de la radio, une de la télé.
Toujours la même voix artificielle.
Une voix que je reconnais pas.
Je ferme tout.
Je balance l'ordinateur sur le divan.

MATT
Je peux suivre toute la carrière
toute la vie de Gabrielle Sauriol
dans mes quarante-quatre onglets Google.

Des traces de Gabrielle Sauriol partout…
Presque dix millions de résultats.

Ça fait du bien de chercher quelqu'un qui se trouve pour vrai.

Je coupe le son
je ferme tout
et j'ouvre une nouvelle page
je tape
Elsie Sauriol
1155 résultats
surtout de ses articles sur la littérature
et des photos qui sont pas elle
sauf celle avec sa mère.

Je tape mon nom
et la première page affichée
est celle du service d'urbanisme de la Ville.
Je cherche.
Même dans Google
j'existe pas à Sarajevo.

J'efface tout.
Je tape le nom de mon ex
945 résultats
je passe les photos une par une

je les regarde trop longtemps
je ferme l'ordinateur.

J'éteins toutes les lampes
dehors un éclair fend le ciel
je cligne des yeux et mes murs se couvrent de trous de balle
mon nez s'emplit d'une forte odeur de poussière
l'air est électrique
mes mains tremblent.
Je cligne des yeux et tout redevient normal.

Un autre éclair
un coup de tonnerre comme une bombe
et l'orage éclate
violent.
Je sors dehors dans la rue
je me laisse tremper jusqu'aux os.

Je rentre et je compose le numéro de mon ex
elle répond
sa voix me fait mal
je raccroche.
Elle rappelle pas.
Moi non plus.

Je reprends *Havre* et je recommence à lire du début.

ELSIE
Avoir su
j'aurais enregistré la voix de ma mère
pas celle quand elle recevait des prix
pas celle quand elle donnait des classes de maître
ni celle de ses entrevues ou de son site Web.
J'aurais enregistré sa vraie voix.
Celle d'avant *Havre.*

Onze

ELSIE
Jour 16.
Toujours le trou
en forme de trou.
Un camion de la Ville
et Matej Hamidovic qui en sort.

MATT
Logement 2. Elsie Sauriol.
Je cogne à la porte.

ELSIE
Oui ?

MATT
Allo.

ELSIE
Entre.

MATT, *lui tendant un sac.*
J'ai quelque chose pour toi. Ils allaient s'en débarrasser à la bibliothèque centrale, donc je les ai ramassés pour ta collection sur le plancher. Trois exemplaires de *Havre* et deux autres.

ELSIE, *prenant le sac.*
Ils allaient s'en débarrasser ?

MATT
La directrice m'a dit qu'ils avaient acheté les nouvelles éditions. Ils allaient envoyer celles-là chez Pelletier et Fille.

ELSIE, *regardant dans le sac.*
Merci.

MATT
De rien.

Un temps.

ELSIE
Café ?

MATT
Je peux pas, désolé. Je dois repartir. C'est fou en ce moment. On a un sous-traitant qui nous a laissés

tomber. Je dois trouver un remplaçant, faire des téléphones.

ELSIE
O. K.

MATT
Prochaine fois.

Il se dirige vers la sortie.

ELSIE
Attends !

MATT, *se retournant.*
Quoi ?

ELSIE
Penses-tu que tout le monde a un moment dans sa vie où c'est comme si un trou venait de s'ouvrir ? Un moment avant et un moment après ? Penses-tu que tout le monde a une cicatrice dans sa ligne du temps ? Comme moi : avant et après la mort de ma mère…

MATT
C'est dur à dire, je te connaissais pas avant.

ELSIE
Savais-tu que ma mère est jamais allée à Sarajevo pour écrire *Havre* ? Elle y est allée après, pour des conférences, pour des classes de maître, même une fois pour recevoir un doctorat honorifique de l'université de Sarajevo. Mais pour écrire *Havre*, jamais.

MATT
Il y a deux semaines, c'était la première fois que je retournais à Sarajevo. Je voulais retrouver mes parents biologiques.

ELSIE
Et ?

MATT
Rien pour le moment. Je continue à chercher.

ELSIE
Le trou dehors, c'est l'avant et l'après de la rue. Vous allez réparer le trou, vous allez « patcher » pour que ce soit beau, mais il va toujours rester une cicatrice, une trace de la réparation. Et cette patch-là dans l'asphalte va toujours être un peu plus faible, un peu plus cassante.

MATT
C'est vrai.

ELSIE
J'aimerais ça que la mort de ma mère soit une vraie cicatrice sur mon corps, une vraie marque sur ma peau, quelque chose de concret. (*Un temps.*) Est-ce que je peux voir ton genou ?

Matt lève son pantalon et lui montre la cicatrice sur son genou, un très bref moment.

MATT
Rien de spécial.

ELSIE
Mais tu vas toujours pouvoir te souvenir de ce jour-là.

MATT
Je m'en souviens pas en fait. Pour moi, c'est comme si elle avait toujours été là. (*Un temps.*) Demain c'est le congé du 1er juillet ; donc les travaux, c'est pour vendredi au plus tôt. Lundi peut-être. (*Il sort un feuillet rose de sa poche.*) Ah oui. Ça, c'est pour les résidents. Pour expliquer que les travaux sont repoussés.

ELSIE, *prenant le feuillet.*
Merci. Et merci pour les livres.

MATT
Pas de trouble.

Un temps.

ELSIE, *prenant un livre de la pile du salon et le donnant à Matt.*
Tiens avant de partir. Prends celui-là.

MATT
C'est quoi ?

ELSIE
Un de ses recueils de nouvelles. Elle l'a écrit avant *Havre*. Les gens le savent pas parce que ça a été publié après. C'est vraiment différent ; ça se sent tout de suite. C'est mon préféré.

MATT
Merci. Je vais le lire.

ELSIE
J'espère.

Un temps.

MATT
Je dois y aller, je m'excuse. Bonne journée.

ELSIE
Toi aussi.

MATT
ELSIE
La porte se ferme.

MATT
Sortir dehors après la pénombre du couloir beige.
Le soleil est aveuglant.
D'une main, chercher mes lunettes de soleil dans mes poches
et de l'autre, celle qui tient le livre d'Elsie,
protéger mes yeux.

Sentir une odeur d'essence
et sur l'asphalte
voir briller des arcs-en-ciel de gazoline dans des flaques d'eau.
Sentir la pluie qui tombe
et un froid glacial dans mes os.
Au loin, des coups de feu
et un homme qui gît par terre à mes pieds.
Le froid, la pluie, l'homme…
Nausée
tête qui tourne.

Attraper finalement mes lunettes de soleil et les mettre.

Tout disparaît.
Les flaques d'eau, la gazoline, la pluie, le froid, l'homme au sol.

Soleil. Humidité. Brise. Rien d'anormal.

Un gars de mon équipe me dévisage.
« Ça va, *man* ? T'es blanc comme un drap. »
Ça va,
que je dis ;
ça va, oui, oui.

Je lance le recueil de nouvelles dans mon camion.
Je m'essuie les mains sur mon pantalon.
Je reprends mon souffle.

ELSIE

J'aligne les cinq livres reçus de Matej Hamidovic avec les autres sur le plancher.
Je vais dans la salle de bain
je laisse couler l'eau chaude
et j'entre dans le bain en faisant un bateau avec le feuillet rose de la Ville.
Mon bateau de papier flotte sur l'eau brûlante.
J'aimerais ça qu'il prenne feu.

J'attrape le robinet avec mon pied.
Plus chaud encore, le bain.

Je veux que ça fasse mal.
Si je me faisais très mal,
est-ce que ma mère reviendrait pour s'occuper de moi ?

Le bateau rose s'imbibe d'eau et coule lentement au fond du bain
comme ma mère noyée.

Souvenir de moi :
la dernière fois que j'ai vu ma mère
un mois avant l'accident.
Elle passait deux jours chez moi avant de repartir à Toronto puis à San Francisco.
Elle était couchée dans mon lit et moi j'étais étendue sur le divan du salon.
J'entendais sa respiration et ses gémissements par les portes ouvertes
parce que ma mère dormait jamais bien.

Souvenir de moi :
assise à la table de ma cuisine
en train de manger une omelette aux champignons
devant ma mère cernée qui noie son café de crème.

Pourquoi tu dors pas, maman ?
Pourquoi tu dors jamais ?
Arrête-toi un moment
pose-toi quelque part

qu'on puisse recommencer à être ensemble
comme avant
avant *Havre*
avant les prix et les éditeurs et les salons du livre et les chiffres de vente et les conférences et les colloques et les traductions et les tables rondes et les producteurs de cinéma et tous ces gens qui te prennent et qui t'arrachent de ma vie
arrête-toi ici
chez moi.

Je me souviens que je voulais lui dire tout ça.
Je me souviens que j'ai rien dit.

Douze

ELSIE
Jour 19.
Samedi matin à paresser au lit.
Comme une personne normale le samedi matin.
Mais en congé de deuil
samedi matin ou jeudi après-midi ou lundi soir ou mercredi à 4 h du matin
on s'en fout
parce que c'est du pareil au même.

ELSIE
MATT
Le téléphone le samedi matin.

ELSIE
C'est un numéro que je reconnais pas
c'est pas l'heure habituelle de Geneviève
je sais pas quoi faire, alors je réponds.

MATT
Elsie ? C'est Matt Hamidovic, de la Ville. Est-ce que je te réveille ?

ELSIE
Non. (*Un temps.*) Est-ce qu'il y a un problème ? Est-ce qu'il faut évacuer ?

MATT
Non.

ELSIE
Pourquoi t'as mon numéro de téléphone ?

MATT
C'était dans ma paperasse. Au cas où. (*Un temps.*) C'était comment, vivre avec elle ?

ELSIE
Tu veux parler de ma mère ? Pourquoi ? T'as lu *Havre* et tu sens… quoi ? Une connexion profonde avec Gabrielle Sauriol ? Comme si elle te comprenait ? Comme si elle avait couché tes plus grandes questions existentielles sur papier ?

Qu'est-ce que tu veux que je te raconte ? Tu veux que je te parle de ma mère l'auteure ? Tu veux que je te dise la couleur des murs de son bureau ? Que je te dise ce qu'elle prenait dans son café ? Que je te raconte qu'elle a pas aimé la version de *Havre* pour le cinéma même si elle faisait semblant que c'était brillant quand on lui posait la question ? Que je te parle de ses idées pour des romans qu'elle pourra jamais écrire maintenant ? C'est ça que tu veux ?

Ou est-ce que tu veux que je te raconte toutes les fois que son ami Jeff nous conduisait à l'aéroport et comment j'essayais de pas pleurer sur le chemin du retour quand elle s'envolait pour Paris ou Bruxelles ou New York et qu'elle me laissait toute seule ici ? Ou que je te parle de ma fête de 16 ans que j'ai passée avec son amie Yasmina parce que Gabrielle Sauriol devait absolument aller à Londres ? Ou de la collation des grades de mon doctorat à laquelle elle m'avait promis de venir et à laquelle je suis pas allée parce qu'elle m'avait appelée la veille pour me dire qu'elle devait rester à Vancouver ? Veux-tu que je te parle de tous ses amis, ses collègues de travail, ses fans, qui étaient plus importants que moi ? Veux-tu que je te fasse une liste de toutes les fois que j'avais besoin de ma mère, de ses mots, de ses réponses, de ses bras, et qu'elle était pas là comme si elle s'était dit qu'à 14 ans, j'avais plus besoin d'elle ?

Dis-moi, Matej Hamidovic, qu'est-ce que tu veux savoir ?

MATT
Je m'excuse. Il fallait que je demande. Il fallait que je sache. Elle est partout ta mère. La mienne est nulle part.

Un temps.

ELSIE
Quand j'étais petite, ma mère avait un gros livre vert qui traînait toujours dans la cuisine : *Les oiseaux d'Amérique du Nord*. Et quand elle voyait un oiseau, elle me le pointait en disant : « c'est un jaseur des cèdres », « c'est un vacher à tête brune », « c'est une tourterelle triste ». Et je m'en foutais. Je m'en foutais tellement. Les oiseaux… c'était elle. Mais hier, par la fenêtre, j'ai vu un oiseau dans un arbre et je me suis dit : *regarde, Elsie, c'est une paruline masquée*. Les choses comme ça… qui remontent à la surface : m'être rappelé le nom de l'oiseau. Quand j'ai pensé *paruline masquée*, c'était comme si j'entendais la voix de ma mère.

Un long silence.

MATT
T'es encore là ?

ELSIE
Qu'est-ce que tu ferais pour pouvoir rencontrer tes parents biologiques ?

MATT
Qu'est-ce que tu veux dire ?

ELSIE
Si tu pouvais, est-ce que tu perdrais un de tes sens ? Est-ce que tu t'allongerais sur des braises ? Est-ce que tu échangerais la vie de tous tes futurs chiens ? Est-ce que tu te dis : si j'avais été une meilleure personne, peut-être qu'ils seraient ici avec moi ? Est-ce que tu te dis : si j'avais pas été ci ou ça, est-ce que les choses seraient différentes ? Si ma mère avait porté sa ceinture dans l'auto, est-ce qu'elle aurait survécu ? Est-ce qu'elle serait devenue légume, plus capable d'écrire, couchée là dans un lit, branchée à des machines ? Est-ce que j'aurais dû vivre avec la décision de la débrancher ? Est-ce que ce serait pire que maintenant ?

(Un long temps.)

Toi, ta mère d'ici, elle fait quoi ?

MATT
Elle gère une chaîne de magasins d'aliments naturels. Mon père est ingénieur lui aussi. Ingénieur informatique. Moi je voulais toucher à des vraies affaires, des roches, du bois, du métal, du solide.

Une fois, je suis tombé sur une entrevue avec un violoniste de l'Orchestre symphonique de Sarajevo qui avait perdu ses deux fils pendant le siège. L'article disait qu'il les cherchait encore parce qu'il les avait jamais vus morts. Il avait jamais vu leurs corps, donc il refusait de croire qu'ils étaient morts. L'histoire de ce violoniste-là me...

ELSIE
...hante.

MATT
Savais-tu que si on tape le nom de ta mère dans Google, il y a presque dix millions de résultats ?

(Un long temps.)

Veux-tu aller prendre un café ? Sortir un peu, prendre l'air ?

ELSIE
Pas aujourd'hui.

MATT
O. K. Une autre fois.

ELSIE
Une autre fois.

MATT
Bon samedi.

ELSIE
Toi aussi.

(Elle raccroche.)

Je m'emmitoufle dans mon drap.
Je sors du lit et je traîne le drap avec moi.
Je m'étends sur le vieux plancher du salon devant les livres cordés le long du mur.

Plus de dix millions de résultats…
Je suis même pas capable de l'imaginer :
plus de dix millions de fragments virtuels de ma mère.
La quantité m'étourdit.

Je glisse mon doigt sur les tranches des livres
et il y a un espace vide
un trou
pour le livre que j'ai prêté à Matej Hamidovic.

Un autre morceau de ma mère qui me manque.

Je sais pas comment
mais je m'endors sur le plancher
la tête posée sur ma main.
Je me réveille quand j'entends cogner à la porte.
Le soleil a bougé sur le plancher
c'est plus le matin déjà.

Je me lève et je vais ouvrir
face-à-face
Geneviève.

On se regarde longtemps
en silence.

J'ouvre la bouche
j'inspire
pour parler
mais elle se lance avant moi.

« Non, Elsie, je sais pas c'est quoi perdre sa mère.
Perdre sa mère, quand c'est la seule famille qu'on a.
Je sais pas c'est quoi avoir autant de peine.
Je sais pas ce que tu ressens
mais je veux t'aider
et je veux que tu arrêtes de m'ignorer
on se connaît depuis trop longtemps pour ça.
Parle ou parle pas ; c'est pas important.

Pleure ou ris ou crie ou rien ; pas grave.
Mais laisse-moi être avec toi. »

Geneviève entre.
Elle fait comme d'habitude
s'assoit sur le divan
lance le coussin qu'elle déteste sur le plancher
croise ses jambes sous ses fesses.
Je m'assois avec elle
je prends le coussin qu'elle a jeté à terre
et je le mets derrière ma tête.
On regarde les livres de ma mère alignés le long du mur
du salon.

« Il en manque un », qu'elle dit.

« Je sais », que je réponds.

« Il faut que tu règles ça. »

Je sais.

Elle se lève et va à la cuisine.
Je l'entends bardasser dans mes armoires
moudre du café
faire couler de l'eau.
Elle revient, se rassoit.

Je m'excuse, Geneviève.
Je voulais pas –
Je suis –

« Ça va. »

J'appuie ma tête sur son épaule
et on reste là en silence
tout samedi après-midi.

Treize

MATT
Jour 21.
Lundi matin, 7 heures tapantes, au son des grues
logement 2
je cogne.

ELSIE
MATT
La porte s'ouvre.

MATT
C'est juste pour dire que l'eau va être coupée au moins jusqu'à 14 h aujourd'hui pour les travaux. Je veux pas te déranger… je…

Ils se regardent.

ELSIE
Mon congé syndical est fini. Officiellement, je recommence à travailler aujourd'hui. Mais j'ai allumé l'ordinateur et j'ai regardé mes courriels et je me suis arrêtée là. Et depuis, je suis plus capable de bouger. J'ai allumé l'ordinateur, j'ai regardé mes courriels et c'est tout.

Quand ma mère voyageait, elle me transmettait toujours ses itinéraires électroniques. Moi, je les collectionnais. Je mettais une petite étoile à côté parce que c'était important.

J'en ai vingt-sept des courriels comme ça, cette année seulement. Vingt-sept fois où je savais exactement où elle était pendant que moi j'étais ici.

J'ai décidé de pas travailler aujourd'hui. J'ai *callé* malade.

Un long temps.

MATT
Je pense que j'ai des visions.

ELSIE
Des visions ?

MATT
Depuis que je suis revenu de Sarajevo. Des visions de la guerre. Ou des visions d'avant. Pas juste des images. Il

y a des odeurs, des sons, des voix. C'est comme quand tu vois quelque chose bouger du coin de l'œil. Tu te retournes et ça disparaît. C'est comme si – excuse-moi, c'est ridicule. Je sais pas pourquoi je dis ça. Je dors vraiment mal ces temps-ci, je fais des cauchemars, je suis fatigué, je…

ELSIE
J'arrive pas à pleurer.

MATT
Quoi ?

ELSIE
C'est horrible, non ? Je devrais pleurer. C'était ma mère.

(Un temps.)

Comment tu sais où il est, ton chien ? Où il est, Max ?

MATT
J'ai mis une grosse roche blanche à l'endroit où il est. Et ma mère a planté des fleurs autour.

ELSIE
Ça doit être beau.

MATT
C'est beau.

ELSIE
J'aimerais ça ravoir mon livre.

MATT
O. K. (*Un temps.*) Maintenant, là ?

ELSIE
J'en ai besoin.

MATT
Il est dans le camion. Laisse-moi finir mes visites et tu peux descendre avec moi pour le prendre.

ELSIE
O. K.

MATT
Je reviens.

ELSIE
Je ferme la porte derrière Matej Hamidovic.
Je vais dans le salon et je passe mon doigt sur tous les livres.
Havre à la couverture blanche
tous les autres livres
multicolores.

Je les époussette avec le bas de mon chandail.
Des livres craquants de nouveauté
et des livres qui tombent en morceaux
usés par trop d'amour.
Je les respire à pleins poumons
l'odeur du papier
l'odeur de la colle
une odeur où s'entremêlent le neuf et le vieux.
Cette odeur qui me fait penser à ma mère
et toute sa vie à écrire
et toute la mienne à lire et lire et enseigner.
Une odeur de papier qui me reste sur les doigts.

Le soleil qui entre par la fenêtre met la poussière au grand jour
la poussière qui continue à s'accumuler
la saleté des travaux dehors
la poussière normale de ma vie
les cheveux éparpillés
les flocons de ma peau
les particules de moi
les fragments de la ville.

J'inspire profondément l'air chaud de mon salon.
Je me demande si quelque chose chez moi aurait gardé l'odeur de ma mère.
Un petit coup à la porte.
Matej.

Je mets mes sandales sans les attacher
je descends au camion de Matej récupérer mon livre.
De retour chez moi
je glisse le recueil de nouvelles dans l'espace vide.

Je pense à Max le chien.
À Max le chien toujours exactement à l'endroit où on l'a laissé
sous la grosse roche blanche
entouré de fleurs.

Je pense à ma mère
à l'océan Pacifique trop grand, trop vaste, trop loin d'ici.

Par la fenêtre du salon
je vois un colibri à gorge rubis errer dans les fleurs sur le balcon d'à côté.
J'entends la voix de ma mère :
« un colibri à gorge rubis »…

Les heures passent.

Quatorze

MATT
Break de dîner.
Sur mon téléphone, tout en haut de la boîte de courriel :
un message de Sanel Catic
une traduction de documents officiels scannés.
Des documents officiels portant un sceau du gouvernement de la Bosnie-Herzégovine
et d'anciens sceaux
ceux du gouvernement de Yougoslavie.

« Allo Matej ! »
écrit Sanel.

« Voici les traductions des documents que tu vas recevoir par la poste dans les prochains jours. De bonnes pistes mais de mauvaises nouvelles. Je suis désolé, l'ami. »

La Yougoslavie m'envoie
un certificat de naissance :

le mien.
Mon nom tapé à la machine flotte juste au-dessus de la ligne
et sous mon nom, il y a ceux de mes parents :
Jasko Hamidovic
né à Sarajevo, 1957
Zifa Qukovci
née à Belgrade, 1956.
Ils ont des noms
ils existent.
Ils ont des noms, des dates de naissance, une adresse, un âge, des emplois
c'est écrit sur mon certificat de naissance
c'est écrit.
Mes parents :
Belgrade et Sarajevo
pas en guerre.

Un autre document.
Dans une lettre de quelques lignes à peine,
la Bosnie-Herzégovine m'apprend que ses recherches exhaustives n'ont pas permis de retrouver mes parents.

« Disparu » est le mot officiel
nestali
pas de certificat de décès
pas de document pour confirmer
rien

juste ce mot :
nestali.

« 40 000 disparus en ex-Yougoslavie
28 000 pendant le siège de Sarajevo »
dit la traduction de Sanel Catic
dit le document officiel.
Mes deux disparus à moi
parmi les 40 000.

Et les 39 998 autres
si des gens se souviennent d'eux
sont-ils un peu moins disparus ?

Moi j'ai tout oublié.
Je les ai fait disparaître une deuxième fois.

M'étendre au soleil sur la pelouse.
Un des gars me demande :
« Ça va, Matt ? »

Oui, j'ai juste besoin d'un moment.

« Pas de trouble. Dis-nous quand tu veux qu'on recommence. »

Par terre
une fourmi me monte sur le bras

le bruit des oiseaux
du vent dans les feuilles
les insectes qui bourdonnent.
J'essaie de me rappeler
la voix de ma mère
l'odeur de mon père
le visage de ma mère
les mains de mon père
les jambes de mon père
les yeux de ma mère
des fragments
des morceaux
n'importe quoi.
Et rien.

Étendu au soleil
du rouge sous les paupières
le visage que je vois
c'est celui d'Elsie Sauriol
et la voix que j'entends
c'est celle de Gabrielle Sauriol.

Je pense à mes parents
à Alain et Nicole
je me demande ce que ça aurait été être leur enfant pour vrai
les avoir connus pendant les neuf premières années de ma vie

je suis certain que je les aurais aimés encore plus
je suis certain que mes parents de là-bas
Jasko et Zifa
les auraient aimés aussi.
Je les imagine amis.

Je me relève.
J'avance vers les grues.
Elsie Sauriol est à son balcon et me regarde.

ELSIE
Matej Hamidovic est étendu dans l'herbe, son téléphone dans la main.
Il fait très chaud. Il a peut-être eu un malaise. Besoin d'eau. Quelque chose.
Mais il se relève.
« Ça va ? »
que je lui demande
sans son, juste les lèvres qui bougent.

MATT
Je fais oui de la tête en direction d'Elsie.
On se regarde une seconde ou une éternité encore.

« O. K., les gars. On reprend. »

ELSIE
Le reste de l'après-midi
le bruit des grues
les heures qui passent
je regarde Matej Hamidovic se promener parmi ses jouets d'ingénieur
parler à son équipe
mettre et enlever son casque blanc
boire de l'eau
manger une pomme.
Puis je le vois remplir de la paperasse pendant que tout le monde s'éloigne un par un.
Je le vois marcher jusqu'à la porte de l'immeuble et entrer.

MATT
Logement 2.
J'entre

ELSIE
sans cogner.

Matt entre.

MATT
L'eau ?

ELSIE
Revenue. C'est fini pour aujourd'hui ?

MATT
Oui.

Ils se regardent sans rien dire, puis Elsie s'éloigne vers la cuisine.

ELSIE
Glace ?

MATT
O. K.

Elsie revient avec deux verres de whisky sur glace.

MATT
Merci. (*Il prend une grande gorgée.*) Comment tu fais pour enseigner la littérature ? Dis-moi comment tu fais pour passer ta vie avec aussi peu de concret, avec aussi peu de vraies réponses.

Moi j'aime les maths. J'ai toujours aimé les maths. Une équation différentielle, c'est toujours pareil. Ça fonctionne toujours de la même façon et au bout du compte tu as une réponse. Une vraie réponse. La seule réponse possible. Ça fait du bien, une vraie réponse. Le flou… J'ai beaucoup de misère avec le flou.

Il boit une autre gorgée. Un long silence. Matt va s'asseoir sur le sol, devant les piles de livres de Gabrielle Sauriol. Elsie s'assoit avec lui.

ELSIE
J'ai besoin d'aide avec le concret.

MATT
Comment ?

ELSIE
J'ai besoin que ma mère soit pas seulement un corps coulé au fond de l'océan, un corps perdu dans trop d'eau. J'ai besoin qu'elle soit près de moi, pas encore partie, pas encore à l'autre bout du monde. Je la veux avec moi.

MATT
Qu'est-ce que tu vas faire ?

ELSIE
Il y a trop de morceaux de ma mère partout. Dans les dix millions de résultats Google, dans les revues qui font des rétrospectives de sa carrière, dans tous les gens avec qui elle passait plus de temps qu'avec moi, dans les millions de pages couvertes de ses mots. Il y a tellement de morceaux de ma mère qui sont pas à moi. Mais ces livres-là, ceux-là, je peux faire quelque chose avec ceux-là.

Vous allez réparer le trou dans l'asphalte et il va toujours rester une cicatrice. On va toujours pouvoir se souvenir de l'accident. Ça va être ça, la tombe de ma mère.

MATT, *vidant son verre d'un trait.*
Je vais t'aider.

ELSIE
Tu ferais ça pour moi ?

MATT
Si c'est ça ta réponse, je vais t'aider à la trouver. Le pire, c'est de pas savoir. Le pire c'est d'avoir fait tout ce qu'il fallait faire, d'avoir posé toutes les bonnes questions aux bonnes personnes et d'avoir toujours aucune réponse.

Un temps.

ELSIE
T'as rien trouvé ?

MATT
Pas grand-chose.

ELSIE
Je suis désolée.

Un temps.

MATT
Cette nuit, descends avec tes livres.

ELSIE
À 2 h 21 du matin.

MATT
O. K. À 2 h 21.

(Un long temps. Matt donne son verre vide à Elsie.)

À tantôt.

ELSIE, *restée seule.*
Prendre mon téléphone et envoyer un message texte à Geneviève.
« Je sais ce que je dois faire maintenant. Merci. À bientôt. Je t'aime. »

Sa réponse à elle arrive tout de suite :
« Bon retour à la surface. On s'est ennuyé de toi. »

Je finis mon verre.
Je contemple les livres.
Il manque rien maintenant.

Épilogue

ELSIE
MATT
2 h 21 du matin.

ELSIE
J'ai tout amené
j'ai tout descendu.
Trois sacs de livres.

MATT
O. K. Comment tu veux faire ça ?

ELSIE
Ton équipe va s'en rendre compte, non ? Qu'il y a quelque chose dans le fond du trou. Et ils vont devoir le sortir. Là ils vont savoir que c'est moi.

MATT
J'ai du gravier dans mon camion. On va tout recouvrir : les sacs, les livres. Personne va s'en rendre compte. Demain on bouche et on asphalte. Demain, le gros des travaux sera fini et mon équipe va passer à autre chose, un autre trou, un autre accident. Ça va être notre secret.

ELSIE
J'avance sur le bord du trou
j'ignore les cônes
le ruban jaune DANGER
ma peur des hauteurs
et je laisse tomber un à un les sacs dans le trou
un sac de poésie et de nouvelles
un sac de romans
et un sac avec tous les exemplaires de *Havre* que j'ai pu trouver
tous les exemplaires à couverture blanche
les vieilles éditions
la réédition avec le collant doré « Prix du Gouverneur général »
l'édition de poche
les traductions.

Je garde les exemplaires sur mon bureau
ceux dédicacés par ma mère :
À ma Elsie chérie. Pour tout.

MATT
Je regarde Elsie laisser tomber un à un les sacs dans le trou.
Je pense aux rues de Sarajevo explosées
celles des photos que j'ai vues dans les magazines
celles de mes visions, de mes cauchemars.
Je pense au courriel de Sanel Catic.
Je pense aux tiroirs, au lit, à l'appartement vides depuis le départ de mon ex.
Je pense à ce qu'il reste après
et je revois mon pouce qui entre parfaitement dans les trous de balle de Sarajevo.

Remplir le vide.
Combler l'absence.

Je pense à Alain et Nicole
à mes parents d'ici qui ont voulu de moi
même quand j'étais complètement brisé
que je parlais pas leur langue
que j'avais peur d'eux
même quand j'ai essayé de me sauver par la fenêtre de la salle de bain.
J'aurais pas pu mieux tomber.

De ma poche, je sors *Havre*
le Sarajevo de Gabrielle Sauriol qui sera jamais le mien.

Attends, Elsie. Ça aussi.

MATT
ELSIE
Encore un exemplaire de *Havre*
un dernier petit morceau qui flotte à la surface.

ELSIE
Ma mère qui s'arrête finalement
ma mère qui se pose quelque part
comme un oiseau qui a atteint sa destination.

MATT
Tiens. Prends une pelle.

ELSIE
MATT
Debout dans la boîte du *pickup* aux couleurs de la Ville
la sueur sur le front
les t-shirts trempés
les moustiques qui nous mangent les bras
on pellette du gravier par-dessus
l'œuvre littéraire de Gabrielle Sauriol
par-dessus
l'auteure Gabrielle Sauriol
par-dessus

ELSIE
ma mère,
Gabrielle.

ELSIE
MATT
Les livres couverts de gravier
disparaissent.

ELSIE
Plus on vide le gravier de la boîte du *pickup*,
plus mes yeux se remplissent d'eau
enfin.

ELSIE
MATT
La boîte du *pickup* vide
les pelles attachées dans le fond du camion.

On s'écroule par terre sur le gazon.
On regarde les étoiles.

ELSIE
Elle a jamais été toute à moi
ma mère.
Avant d'être tout le temps partie
elle était toujours dans sa tête
elle dormait presque pas
elle écrivait des moitiés de phrases sur de vieilles enveloppes
elle se parlait toute seule en faisant à manger.

Peut-être que ma mère
la plus solide, la plus tangible
c'est ma mère en papier que je viens d'enterrer.

Je pleure
toujours
et Matej tient ma main.

MATT
Elsie pleure et je tiens sa main sans rien dire
parce que je sens que c'est ce qu'il faut faire.

Le ciel est immense.
Je pense à Jasko et Zifa
disparus
nestali
et à sa mère à Elsie
qui sera toujours ici avec elle.
Le réel et les oublis.

Je cligne des yeux
et c'est plus la main d'Elsie dans la mienne
c'est plus la peau d'Elsie qui me touche
c'est celle de ma mère
je le sens dans mes veines.
Pendant un très court moment
je me souviens de la voix de ma mère
« Matej Matty Matty »

et de mes petits doigts qui s'accrochent à ses cheveux bruns.
Je cligne des yeux et tout disparaît.

Silence puis on entend le son du ressac. L'eau de Discovery Passage.

Fin

Table des matières

Personnages 9
Prologue 11
Un 19
Deux 25
Trois 33
Quatre 41
Cinq 47
Six 59
Sept 63
Huit 67
Neuf 77
Dix 89
Onze 97
Douze 107
Treize 117
Quatorze 123
Épilogue 133

L'Interligne
435, rue Donald, bureau 337
Ottawa (Ontario) K1K 4X5
613 748-0850
communication@interligne.ca
interligne.ca

Directeur de collection : Michel Muir

Conception graphique des couvertures : Suzanne Richard Muir
Graphisme : Guillaume Morin
Révision et corrections : Jacques Côté
Distribution : Diffusion Prologue inc.

Les Éditions L'Interligne bénéficient de l'appui financier du Conseil des arts du Canada, du Conseil des arts de l'Ontario, de la Ville d'Ottawa et de Patrimoine canadien.

Les Éditions L'Interligne sont membres du Regroupement des éditeurs franco-canadiens.

MIXTE
Papier issu de
sources responsables
FSC® C100212
FSC
www.fsc.org

Ce livre est publié aux Éditions L'Interligne à Ottawa (Ontario), Canada. Il est composé en caractères Caslon, corps douze, et a été achevé d'imprimer sur les presses de l'Imprimerie Gauvin à Gatineau (Québec), 2019